# LA LIBERTÉ
# DE LA PRESSE

## DÉFENDUE

## PAR *LA HARPE,*

## CONTRE CHÉNIER.

*Hinc omne principium, huc refer exitum.* — Hor.

# À PARIS,

Chez **MIGNERET**, Imprimeur, rue
Jacob, F. G., N.º 1186.

Et chez tous les Marchands de Nouveautés.

L'AN III.

# LA LIBERTÉ
# DE LA PRESSE
## DÉFENDUE
## Par LA HARPE,
## Contre *CHÉNIER*.

[ *Nota.* Le rapport a paru depuis dans le Moniteur avec plus de développemens : j'ai écrit sur celui du Journal de Paris; mais les passages que je cite sont absolument les mêmes pour les idées, et quand il y a quelque différence d'expressions, cela ne fait rien pour ma réfutation qui ne porte pas sur le style. ]

Oui, sans doute, je répondrai à l'appel que m'a fait le citoyen R... (1); mais il y a quelque chose de plus pressé; c'est de réclamer, au nom de la raison, au nom de la justice, au nom de la liberté, au nom des droits de l'homme, contre un décret manifestement surpris à la Convention, à la suite du rapport de M.-J. Chénier. Je démontrerai que le rapport est une déclamation insignifiante et souvent ridicule; que le décret consacre l'arbitraire le plus tyrannique, et ne tendrait à rien moins par

---

(1) Voyez le Journal de Paris, du 13.

ses conséquences qu'à nous ramener sous le régime des Décemvirs, qui ont été les tyrans de la pensée avant de l'être de la France. Assurément ces conséquences sont loin des intentions de la grande majorité des Représentans du peuple ; et en leur faisant voir combien ils ont été trompés, j'use du droit d'un homme libre, je remplis le devoir d'un citoyen, et j'entre dans les vues patriotiques de ces courageux Représentans qui nous invitent tous (1) à défendre de toutes nos forces la liberté de la presse, sans laquelle il n'y a pas de République.

Je commence par le rapport, parce que c'est là que la grande importance donnée aux petites choses, les grands mots vuides de sens, les chimères prises pour des réalités, ont servi de prétexte à des mesures d'oppression, sous le nom de mesures de *rigueur*, tant nos oreilles sont encore peu désaccoutumées de la langue des Tyrans.

« Hier, avant-hier vos ennemis provo-
» quaient à l'infraction des loix, à la ré-
» volte contre la Convention nationale, à
» votre porte ils criaient, *vive Louis XVII*,
» ils foulaient aux pieds la cocarde na-
» tionale. »

Ce sont-là des délits formels prévus par les loix ; vingt décrets autorisent le Gou-vernement à les punir : exécutez ces dé-

---

(1) Voyez les derniers discours de Jeanbon-Saint-André, de Tallien, de Baudin, etc.

crets, c'est la seule conséquence raison-
nable des faits que vous alléguez.

« Les émigrés ne cachent plus leur cou-
» pable espoir ; ils assurent que tout va
» changer, que dans peu ils rentreront. »

Qu'on me cite une seule époque, un seul
moment où ils n'aient pas eu cet *espoir*,
où ils l'aient *caché*, où ils ne l'aient pas
manifesté ? Qui peut ignorer assez la nature
de l'homme pour ne pas sentir qu'ils gar-
deront cet *espoir* jusqu'à leur dernier jour ?...
Et ce sont des Républicains, des Législateurs qui, avec dix armées victorieuses et
*Républicaines*, proposent des décrets contre
*l'espoir* des Emigrés !... (1)

« Déja quelques-uns sont rentrés. »

Eh bien ! tant pis pour eux. S'il y a des
fous, il y a des loix. On plaint les fous, et
on exécute les loix.

« De toutes les frontières de la Répu-
» blique, les hommes déportés par leur

---

(1) Remarquez que dans le même moment on im-
prime dans le Moniteur deux ou trois lettres de *Suisse*,
qui menacent la République *des plus grands dangers*,
parce que des Emigrés ont dit *en Suisse* que *la contre-
révolution ne leur coûteroit d'autre peine que de
mettre en jugement quelques Chefs militaires*, et
notamment *Pichegru*. Ils n'ont oublié qu'une chose,
c'est de *mettre en jugement* les armées ; mais on n'en
parle pas ; et c'est sur de pareilles inepties écrites par je
ne sais qui, qu'on propose des décrets à la Convention
nationale de France !... Et dans quel moment !...

» refus de se soumettre aux loix de l'As-
» semblée constituante, rentrent dans l'in-
» térieur ; ils se répandent dans les cam-
» pagnes, abusent de la confiance du peuple,
» et soulèvent contre la Convention tous les
» préjugés, toutes les passions. »

*Abuser de la confiance du peuple, et soulever les préjugés et les passions*, est un mal moral, qui n'est pas du ressort des loix. Opposez aux *préjugés* et aux *passions* la vérité et la justice ; c'est tout ce que vous pouvez et devez faire. Celui pour qui ces principes éternels seraient nouveaux, ne serait pas digne d'être un Législateur ?

« Ils veulent rétablir une religion domi-
» nante. »

C'est bien prendre son temps, et il y a tout à craindre ! Mais il est bon d'apprendre en passant à ceux qui n'entendent pas les termes dont ils se servent, qu'une religion peut être *dominante* dans un pays de deux manières, par le fait ou par le droit : par le fait, quand le plus grand nombre des habitans la professe ; par le droit, quand le Gouvernement l'a déclarée la religion de l'Etat. Le premier cas est indépendant de tout pouvoir légal ; le second dépend de la Constitution. Les Anglais, en haine du Papisme, ont adopté le Protestantisme et ont une religion Anglicane ; les Américains les admettent toutes, et n'excluent que l'Athéisme. C'est une question de droit public à décider par des considérations politiques et locales, et nullement par le fanatisme religieux ou irreligieux.

( 7 )

« Pour y parvenir, ils prêchent le roya-
» lisme. »

Prêchent-ils tout haut ou prêchent-ils
tout bas? Sans doute ce n'est pas tout haut,
puisqu'on n'en a pas encore vu un seul d'ac-
cusé ni de puni. Si c'est tout bas, comment
peut-on en avoir la preuve? Prétendez-vous
aussi faire la guerre à ce qu'on dit à l'oreille?
Cette guerre était digne des tyrans à longues
oreilles et aux dents de loup, qui ont dé-
voré en un moment le dixième de la France.
Mais puisqu'ils ont été dévorés à leur tour,
souvenez-vous qu'un Gouvernement qui
écoute aux portes fait pitié, comme celui
qui les enfonce fait horreur. J'en dirais da-
vantage, si j'avois le temps : il y en a tant
à dire ! ce sera pour une autre fois. Je
poursuis.

« Jamais la Convention n'étendra son
» pouvoir sur les consciences. »

Cela est heureux, et de la même force
que cette sublime idée de Robespierre,
tant prônée pendant son règne, lorsqu'il
jugea à propos d'avertir l'Europe que la
France, au dix-huitième siècle, reconnais-
sait encore un Dieu. Quels progrès nous
avons faits en Philosophie et en Gouvernement depuis la Révolution ! Voilà M.-J.
Chénier qui nous déclare, au nom des
Comités réunis, que la Convention *n'étendra pas ses pouvoirs sur les consciences !*
Parlons sérieusement : Il est triste pour
les vrais citoyens, pour les amis de la chose

publique, qui sont jaloux de la gloire nationale, et qui songent que l'Europe nous
écoute et nous juge, de voir le Gouvernement compromis en prenant pour inter-
prètes de présomptueux écoliers, qui, ne
sachant pas la valeur de ce qu'ils disent,
prêtent à la Législature Française leur langage à-la-fois emphatique et niais, et vien-
nent annoncer à la tribune avec une sorte
de solemnité risible, que la Convention ne
fera pas ce que ne peut faire aucune Puissance humaine, pas même celle des bour-
reaux.

« Vous avez voulu comprimer le terro-
» risme. »

Comprimer ! ce mot, devenu parasite
comme tant d'autres, est ici bien impropre.
Il faut enchaîner le terrorisme de manière
qu'il ne puisse pas remuer, et l'on n'y par-
viendra qu'en donnant au Gouvernement
une énergie légale, et à tout bon citoyen des
moyens de force pour contenir et effrayer
les brigands et les assassins.

« Mais vous n'avez pas voulu ouvrir la
» porte aux vengeances particulières. Ce
» n'est donc pas l'opinion d'un citoyen qu'il
» faut examiner pour procéder à son dé-
» sarmement, mais ses actions. »

N'y a-t-il donc que *les vengeances par-*
*ticulières* qui puissent être un motif pour
désarmer un homme à cause *de ses opi-*
*nions ?* Quelle logique ! Et si *les opinions*
de cet homme sont connues pour être la
doctrine de la révolte, du pillage et de

l'assassinat ; ( et c'est bien celle dont il s'agit, puisqu'il s'agit de terroristes ) : on ne pourra donc pas lui ôter ses armes, à moins d'avoir la preuve qu'il s'en soit déja servi pour voler et massacrer conformément à ses principes ! C'est pousser loin le scrupule ; mais s'il est vrai qu'il vaille mieux prévenir les crimes que les punir, si c'est là, comme on en convient, l'esprit de la police générale, est-ce abuser de cette police et de son principe, que d'ôter du moins les armes à quiconque a fait profession publique (car on ne peut pas connaître autrement les opinions) d'une manière de penser qui le déclare capable de tous les forfaits ? N'est-ce pas même la plus douce de toutes les précautions qu'on est en droit de prendre contre lui ? Ce n'a jamais été un principe, qu'il faille que les mauvais citoyens soient armés, ( et certes les terroristes sont tout au moins de mauvais citoyens ! ) mais c'est un principe fondamental, que tous les citoyens paisibles doivent être en sûreté contre les méchans ; c'est là proprement en quoi consiste *la garantie sociale* qui ne devait pas entrer dans une Déclaration des Droits, parce que ce n'était pas là sa place, mais qui doit entrer, comme objet principal, dans tout système de Gouvernement. Le cri public a demandé ce désarmement; toutes les Sections, toutes les Communes l'ont réclamé, comme une mesure de nécessité instante. La Convention a très-sagement recommandé d'en accélérer l'exécution , et le Rapporteur vient la retarder , de peur de *vengeances particulières* ! Celles qui se borneraient à désarmer les méchans , sont-elles devenues pour nous plus redou- tables ?

Mais comment exiger de la logique de la part d'un homme qui tombe ici même , sans s'en appercevoir , dans la plus révol- tante inconséquence ? Il ne veut pas qu'on désarme un homme *pour ses opinions* , et quelles *opinions* ! et il veut qu'on le déporte pour des *discours* et des *écrits* , qui très- certainement , quels qu'ils soient , ne sont aussi que *des opinions* ! Songez à l'exacte parité des objets , à l'effrayante disparité des résultats , à l'énorme disproportion du désarmement à la déportation ; songez que le Rapporteur lui-même regarde les Roya- listes et les Terroristes comme ne faisant qu'une même chose par divers moyens ; voyez-le ensuite refusant de désarmer les uns et déportant les autres , et vous vous écrierez avec moi : O la grande tête de Législateur que M.-J. Chénier !

« Dans les groupes on regrette Robes- » pierre et Louis XVI ; on propose d'ouvrir » le Temple et les Jacobins. . . . . On fait » un pompeux éloge du Roi Capet ; on ap- » pelle *Démons* ceux qui ont voté pour sa » mort , etc. »

Est-ce par malice ou sans malice que le Rapporteur confond ici des choses très- différentes ? *Proposer d'ouvrir le Temple et les Jacobins , c'est provoquer l'infraction des loix* ; c'est un délit. Ce n'en est pas un de *regretter Robespierre*, ni même *Louis XVI*, à moins qu'il n'y ait une loi qui défende de *regretter Robespierre* ou *Louis XVI*. Ce n'en est pas un de *faire leur éloge* ; ce n'en est pas un d'appeler *Dieux* ou *Démons* tels ou tels. Chacun peut louer ou blâmer, raisonner ou déraisonner *dans les groupes* et ailleurs, autant que bon lui semble, sauf encore une fois ce qui est positivement prohibé par la loi. Et où en sommes-nous donc, bon Dieu ! s'il faut encore rappeler aujourd'hui ces vérités triviales, qui sont l'a. b. c. du bon sens ? La Déclaration des Droits qui consacre *la libre manifestation des pensées*, serait donc, comme la Constitution de 93, une pièce de poche, dont on parlerait toujours, quoiqu'elle fût toujours comme non avenue ? Passe pour celle-ci : on lui fait même trop d'honneur d'en parler. Il suffit de se souvenir quand, par qui, comment elle a été faite, et comment elle a été *acceptée* ; et si l'on pouvait encore s'étonner de quelque chose, ce serait qu'après avoir abattu les Tyrans, on se soit cru obligé de paraître encore respecter (1) leur *ouvrage des six jours* ,

---

(1) Une Constitution Républicaine faite par les Tyrans les plus insensés et les plus exécrables de tous les Tyrans ! Et l'on nous dit que le Peuple Français *l'a acceptée* ! et nous sommes guéris de la démence ! oh ! pas tout-à-fait encore.

( 12 )

qui ne vaut pas tout-à-fait l'autre, quoique j'aie vu le temps où il fallait croire qu'il durerait pour le moins autant. Mais pour la Déclaration des Droits, quoique défigurée aussi par les monstres qui souillaient tout ce qu'ils touchaient, il faut espérer qu'on la conservera, en rejetant les ordures qu'ils y ont mises ; car une bonne Déclaration des Droits est la base nécessaire de tout Gouvernement légal et de toute liberté.

« On suit contre vous dans Paris, avec
» autant d'activité qu'à Londres, un sys-
» tême de calomnie et de persécution. »

Passons sur le mot de *persécution*, qui ne peut jamais appartenir qu'aux forts à l'égard des faibles : c'est le style à contre-sens, appelé *langue révolutionnaire*, qui, toute absurde qu'elle est, a mérité par ses affreuses conséquences un examen à part. Mais si le Rhéteur Chénier n'est pas un homme étonnant, c'est de tous les hommes le plus étonné. Toutes ses phrases sont des points d'admiration. *On regrette Robespierre !* Eh ! mais les trois cent mille bandits qui ont régné sous son nom, doivent le regretter beaucoup, et le regretteront long-temps, (je l'espère au moins.) *On calomnie la Convention !* quelle merveille ! Quand est-ce donc qu'on n'a pas *calomnié* la puissance ? On calomnie bien la faiblesse. Mais pour ce qui est du *système de calomnie suivi à Paris comme à Londres*, prenez-y garde : voilà précisément le langage continuel des Décemvirs. Dans leur bouche, tout était

*systême, vaste plan, vaste conspiration, etc.*
Il serait bien temps de renoncer à ce char-
latanisme, qui est tout au moins ridicule,
quand il n'est pas perfide. Et depuis quand
les mille et une rêveries qu'on débite *dans
les groupes, et dans les cafés, et dans
les sallons, etc.* sont-elles *un systême?*
On connaît en Angleterre les papiers de
l'opposition, dont l'objet habituel est de
faire entendre de toutes les manières que
le Roi est un imbécille, ses Ministres des
coquins, le Parlement un tas de fripons
vendus ou à vendre : cela ressemblerait
un peu plus à *un systême :* jamais on n'en
dit un mot dans les Communes ni à la
Chambre des Pairs. Leurs papiers sont char-
gés de répondre tant bien que mal, et
chacun en dit et en pense ce qu'il veut,
et tout va son train, comme si de rien
n'était. Ne dédaignons pas de nous instruire
chez nos ennemis, à l'exemple de ces vieux
Romains, quoique depuis huit jours ils
soient déclarés *des barbares;* et que des
Republicains soient du moins aussi raison-
nables que *les esclaves de Georges.*

« La liberté de tout dire a pour borne
» le mal d'autrui et celui de l'Etat. »

Cela est très-mal dit : il faut avoir plus
de logique que le Rapporteur pour poser des
axiômes. La médisance fait du mal à autrui,
et il n'y a point de loi contre la liberté de
médire. Il fallait s'exprimer ainsi : « La
» liberté de tout dire a pour borne morale
» le mal d'autrui, et pour borne politique
» la loi. »

Après avoir encore parlé des redoutables *Émigrés*, et de la terrible *minorité* de la fere Noblesse, le Rapporteur s'écrie : « Sa-» chons les punir, ou descendons de cette » tribune, et comme Brutus, poignardons-» nous. »

Je ne suis pas frappé de l'alternative. Pour *punir* tous ces gens-là, il n'y a qu'une difficulté, c'est de les trouver ; car en cons- cience, je ne sais où ils sont, et quand il y en aurait quelques-uns cachés dans quel- que coin, où est le danger, si ce n'est pour eux ? Que M. - J. Chénier *descende de la tribune*, il n'y a pas de mal : pour ce qui est de *se poignarder*, il n'y a pas de quoi, et Brutus et son *poignard* ne sont là pour rien. C'est peut-être la cent millième fois qu'il en est question : je sais bien que *le poignard de Brutus, et le pistolet de Vadier, et le pistolet de Marat*, etc. ne sont que des fleurs de rhétorique, mais elles sont un peu fanées, et le grand rhéteur Chénier les a ramassées mal-à-propos : *Non erat his locus.*

Il a bien fallu analyser ce rapport, il a fallu faire voir que c'est en imaginant des monstres, qu'on parvenait à en produire de réels. C'en est un aux yeux de tous ceux qui ont réfléchi, que l'article V du décret, article qui n'a pu passer malgré d'éloquentes et inutiles réclamations, que parce que l'Assemblée, au milieu du tourbillon de tant d'affaires, au milieu de tant d'intérêts et de passions, n'a pas toujours le temps ae réfléchir : delà le rapport si fréquent des décrets, d'un moment à l'autre. Et pourquoi celui-là n'a-t-il pas été renvoyé, suivant l'usage, au troisième jour? Celui de la restitution des biens des condamnés, qui ne devait pas faire une question, a été ajourné ; et une loi pénale contre la liberté de la presse, a passé d'emblée ! Il y a quelques mois qu'un Comité, en rétractant un de ses arrêtés confirmé par un décret, commença par *rendre hommage* à cette liberté de la presse qui l'avait éclairé, et rien n'a fait plus d'honneur à la Convention : reconnaître qu'on a eu tort, c'est se montrer capable d'avoir raison. Il n'y a que le despotisme qui ait le privilège d'être infaillible. Voici l'article, tel qu'il est énoncé dans le journal de Paris du 14.

« Il est enjoint au Comité de Sûreté
» générale et à toutes les Autorités cons-
» tituées, de faire arrêter et traduire devant
» les Tribunaux criminels, les individus
» qui, par leurs discours ou leurs écrits,
» auraient provoqué au rétablissement de
» la royauté et à l'avilissement de la Con-
» vention nationale. »

Les hommes sont donc bien incorrigibles, puisque la plus forte de toutes les leçons, celle du malheur, ( et quel malheur ! ) ne peut pas toujours les corriger ! Comment a-t-on pu oublier que ces mots si cruellement vagues, si perfidement indéfinis, ces expressions d'une latitude si funeste, *l'avilissement de la Convention*, ont été la formule banale , le protocole invariable de tous les édits de proscription promulgués sous le nom de loix par la tyrannie Décemvirale? Et en cela, il faut l'avouer, les Tyrans savaient bien ce qu'ils faisaient ; ils savaient qu'avec ces deux mots, applicables à tout, à volonté, *l'avilissement de la Convention*, on pouvait perdre qui l'on voudrait : ils savaient qu'il en était de cette formule de loi, comme du crime de *lèze-majesté*, sous les Empereurs Romains, qui était le crime de tous les innocens. Mais des Républicains doivent savoir que toute loi qui ne détermine' pas le délit avec toute la précision dont le langage humain est susceptible, n'est autre chose qu'un glaive toujours suspendu sur la tête de l'innocence, et dont tous les pouvoirs, toutes les passions, tous les intérêts peuvent se servir à leur gré.

Que dirai-je de cette négligence de rédaction , si inconcevable, que j'aime mieux supposer qu'il y a eu omission que de croire qu'il y a eu intention , négligence portée au point de ne pas même spécifier *des discours et des écrits publics ?* Car apparemment on n'a pas prétendu soumettre à une loi et à une peine les discours confidentiels, la conversation domestique et sociale et les écrits de porte-feuille, à moins d'ériger en principe, comme sous Robespierre , la délation (1) et l'espionage, et de violer la

____

(1) Pour aller au-devant de toute chicane de la part de ceux qui vous forcent à tout dire, parce qu'ils

première de toutes les loix , celle qui est
le fondement de toutes les autres , la morale.
Cependant l'article ne porte pas ce mot de
*publics* , indispensablement nécessaire ici
dans tous les cas ; et si l'on me répond que
c'est un oubli , je dirai encore quel oubli ,
quand il s'agit de prononcer sur le sort des
hommes !

Mais enfin qu'est-ce qu'*avilir la Convention?*
je somme le Rapporteur lui-même d'énoncer
nettement ce qu'il entend par ces mots ;
et quelque chose qu'il énonce , je me charge
d'avance de prouver qu'elle ne peut pas être
l'objet d'un décret. S'agit-il des individus?
ont-ils été publiquement *calomniés?* il y a
ou il doit y avoir des loix contre la *calomnie :*
renvoyé par conséquent aux tribunaux et
au code pénal ; car rien de ce qui regarde
un individu ne peut *avilir la Convention.*
S'agit-il de l'Assemblée entière ? a-t-on dit
qu'elle est toute composée de traîtres et de
conspirateurs contre la Nation? certes ! c'est
ce que la méchanceté pourrait dire de plus
fort. Hé bien ! il n'est pas plus permis de
calomnier les Autorités constituées que les
particuliers : renvoyé au code pénal , à l'article *calomnie* ; et j'ajoute encore qu'aucun
de ces délits ne mérite le bannissement ou
la déportation , comme on voudra. Pour les
particuliers , rétractation et réparation : pour

---

ne se doutent de rien , la délation est *un crime* , à
moins qu'elle ne prévienne *un crime* , et alors elle
s'appelle dénonciation.

les autorités constituées, infamie ou perte des droits civiques. Des discours et des écrits calomnieux ne doivent pas être punis plus sévèrement. Mais voici le plus fort : je viens de spécifier les délits réels et possibles, abus de la Liberté de parler ou d'écrire, abus que par-tout les loix ordinaires peuvent réprimer, parce qu'ils détruiraient eux-mêmes la liberté que les loix doivent protéger et maintenir. Mais la loi dont il s'agit porte en elle un vice capital, un vice le plus grand de tous : c'est qu'elle suppose et punit un délit qui n'existe pas dans la nature des choses et qui ne peut pas exister. Ici c'est l'ignorance que je vais combattre ; c'est cet abominable abus des mots dont la contagion n'est pas détruite, puisque tant d'esprits éclairés ne paraissent pas avoir apperçu le défaut de sens que je vais prouver.

Est-il donc permis d'ignorer que jamais une Assemblée législative ne peut être *avilie* en effet par qui que ce soit, si ce n'est par elle-même ? Et pour quoi ? c'est qu'il en est à cet égard d'une assemblée comme d'un homme. Est-il donc au pouvoir de quelqu'un de *m'avilir* ? Non, je puis être insulté, outragé, diffamé, persécuté, opprimé par les autres : je ne puis jamais être *avili* que par moi. Aussi puis-je dans les tribunaux me plaindre de toutes les espèces d'offenses que je viens de marquer ; mais si j'allois me plaindre d'avoir été *avili*, le Juge, pour peu qu'il eût de bon sens, se moqueroit de moi.

Qu'est-ce qu'*avilir* ? c'est ôter les droits à l'estime. Qu'est-ce qu'être *avili* ? c'est avoir perdu ces droits. Et qui donc peut les ôter à un homme ou à une assemblée, si ce n'est cet homme ou cette assemblée, puisque l'estime dépend invinciblement de ce qu'on fait pour la mériter ou la démériter ? Quoi ! les Rois qui pouvaient tout ne pouvaient pas ôter l'honneur, et un particulier pourrait l'ôter aux Représentans de la Nation ? Quelle chimère ! Non, ce n'est que dans le sein même de la Convention que l'on peut réellement ou l'*avilir*, ou *provoquer son avilissement*. Elle seule pourrait s'*avilir* en mettant l'évidence en problême, le brigandage en principe, l'immoralité en loi ; et si le malheur des temps eût mis une faction à portée de faire passer toutes ces infamies sous le nom d'une assemblée de Législateurs, ils pourraient encore laver cette tache, en frappant d'un irrévocable anathême tout ce qu'on aurait fait sous leur nom, pendant qu'ils étoient sous le joug.

Et qui sont ceux qui pourraient *avilir* encore la Convention, depuis qu'elle a repris sa dignité et son autorité ? Ce ne sont pas ceux qui dans leurs *discours* et dans leurs *écrits* improuveraient sa conduite, sa politique, ses décrets : c'est un droit qui appartient à tout le monde. Je juge la loi et j'y obéis ; voilà mon droit et mon devoir : tel est le langage d'un citoyen. Cette sorte de critique est comme toutes les autres : si elle est juste, profitez-en ; si elle est injuste, elle ne vous fera pas grand tort. Mais ceux qui pourraient encore vous *avilir*, ce sont ces esprits ardens et faibles, à conceptions étroites et à prétentions larges, tout étourdis d'un pouvoir aussi étendu que leurs facultés sont bornées, qui n'ont rien osé dans le danger, et qui osent tout dans la puissance, dont la médiocrité inquiète et ombrageuse ouvre l'oreille à tous les bruits de l'opinion qui les alarme, voudraient lui imposer un silence qu'ils devraient garder, et faire passer pour des dangers publics les dangers de leur amour-propre ; qui, sous pretexte d'*encouragemens*, veulent *diriger les arts et les sciences, les écoles et les théâtres*, oubliant que pour les arts et les sciences, le premier de tous les *encouragemens*, c'est la liberté, qu'ils ne se *dirigent* point par des décrets, mais par une politique éclairée et républicaine, qui doit être dans le Gouvernement, et qu'on ne met pas dans les loix ; que les théâtres et les écoles doivent être sous la police du Gouvernement ; mais que la Police surveille et ne *dirige* pas, ce qui est très-différent. Tous les bons esprits de la Convention sentent ces vérités, et plusieurs les ont exprimées mieux que moi. Voyez toutes les conséquences trop naturelles de ce funeste décret, détaillées dans le discours de Tallien : c'est le tableau de l'inquisition et de la servitude. Voyez ce qu'a dit Jeanbon-Saint André, qui doit parler en connaissance de cause. « La censure des Ecrivains » est encore entre les mains de vos Comités

» de Gouvernement; ils l'exercent chaque
» jour; et outre que les principes résistent
» à cet ordre de choses, n'est-il pas permis
» de craindre que les mêmes causes ne ra-
» mènent un jour les mêmes effets ? Tout
» peut dépendre à cet égard *du caractère*
» *d'un seul individu lancé dans un Comité.* »
*Qui habet aures audiendi , audiat.*

Je rougis de penser que sur les paroles
que je viens de citer, on trouvera peut-être
de la hardiesse dans ce que j'écris. De la
hardiesse ! serions-nous encore à ce point
imbus de servitude ? Il n'est point hardi de
plaider pour la Liberté dans une République;
mais il est téméraire d'y attenter ; car on
en est puni tôt ou tard. Je dis ma pensée :
je le dois : je défends mon indépendance.
*L'encouragement* et *la censure* sont pour moi
dans l'opinion de mes concitoyens , et je ne
connais de *direction* que le sentiment de mes
droits et de mes devoirs : j'ose croire que
là-dessus personne n'a rien à m'apprendre.
Je ne crains rien, ni ne veux rien. J'ai été
long-temps assez près de la mort pour avoir
appris à ne pas la redouter , et après ce que
j'ai vu et éprouvé, c'est une perte assez légère
que la vie.

J'ai cru devoir élever la voix contre ce
décret, parce qu'il m'a semblé y voir les
moyens d'une nouvelle oppression, et qu'aujourd'hui du moins nous en avons pour la
prévenir. L'esprit général des Sections, qui
est excellent, les portera sans doute à invo-
quer la justice de la Convention et à deman-

der le rapport du décret. Si les premiers articles n'ont rien de blâmable, ils sont parfaitement inutiles ; car ils ne font que renouveller des loix déja faites, et les multiplier, c'est les affaiblir.

Je finis par une vérité que je desire que l'on comprenne ; c'est que la Convention à qui l'on exagère beaucoup ses dangers, n'en a vraiment qu'un seul à craindre ; et c'est son propre pouvoir.